BEI GRIN MACHT SICH IHR WISSEN BEZAHLT

- Wir veröffentlichen Ihre Hausarbeit, Bachelor- und Masterarbeit

- Ihr eigenes eBook und Buch - weltweit in allen wichtigen Shops

- Verdienen Sie an jedem Verkauf

Jetzt bei www.GRIN.com hochladen und kostenlos publizieren

Holografie in den Medien. Formen, Möglichkeiten und Anwendung

J. Lückert

Bibliografische Information der Deutschen Nationalbibliothek:

Die Deutsche Nationalbibliothek verzeichnet diese Publikation in der
Deutschen Nationalbibliografie; detaillierte bibliografische Daten sind
im Internet über http://dnb.d-nb.de abrufbar.

ISBN: 9783346901811
Dieses Buch ist auch als E-Book erhältlich.

© GRIN Publishing GmbH
Trappentreustraße 1
80339 München

Druck und Bindung: Books on Demand GmbH, Norderstedt Germany
Gedruckt auf säurefreiem Papier aus verantwortungsvollen Quellen

Das vorliegende Werk wurde sorgfältig erarbeitet. Dennoch
übernehmen Autoren und Verlag für die Richtigkeit von Angaben,
Hinweisen, Links und Ratschlägen sowie eventuelle Druckfehler keine
Haftung.

Das Buch bei GRIN: https://www.grin.com/document/1347933

Holografie – Einsendeaufgabe zur Aufgabe A

Studiengang: Medien- & Kommunikationsmanagement
Modul: Mediengestaltung

Inhaltsverzeichnis

Abbildungsverzeichnis

1.Holografie

„You can't predict the future, but you can invent it."[1] Die Zukunft kann man nicht prophezeien, aber man kann sie erfinden. Dieses Zitat von Dennis Gabor trifft wohl am ehesten auf die 1947 von ihm gemachte Entdeckung, die später zur Aufnahme dreidimensionaler Bilder diente, zu. Mit ihren zahlreichen Anwendungen ist die Holografie eine der interessantesten Entwicklungen der modernen Optik. Die vergabe des Nobelpreises 1971 an ihren Erfinder, Denis Gabor, unterstreicht ihre wissenschaftliche Bedeutung.[2] Holografisch farbige 3D Bilder sind keine Utopie mehr, ganz im Gegenteil, Dreidimensionales ist beliebter denn je. Durch die permanente Weiterentwicklung der Medien wird die Qualität des dreidimensionalen Bildes immer brillanter und lebensechter.[3] Die Holografie bezeichnet die dreidimensionale Aufzeichnung und Wiedergabe von Informationen, sowie Bildern ohne die Verwendung von Linsen[4]. Sie ist als Teil der Semiotik (Zeichentheorie) zu sehen und spricht damit den wichtigsten Teil des Menschen an – das Sehen. Unter der Holografie fasst man Verfahren zusammen, die den Wellencharakter des Lichts ausnutzen, um systematisch anschauliche Darstellungen zu erzielen. Die Motive scheinen bei der Betrachtung frei im Raum zu schweben, man kann sogar seitlich um ein solches Objekt herumgehen. Das Ziel der Holografie ist die vollständige Speicherung optischer Signale, so dass die aufgenommenen Objekte in ihrer räumlichen Struktur rekonstruiert werden können[5]. Sie bietet vielen Branchen, wie etwa der Wissenschaft, Technik oder Kunst völlig neue Möglichkeiten. Man kann Holografie durch eine Vielzahl von Darstellungsmöglichkeiten präsentieren, diese möchte ich jetzt näher erläutern.

---

[1] Vgl. Gabor (1970), S.32
[2] Vgl. Ackermann/Eichler (2012), S.2
[3] Vgl. More Media (2013)
[4] Vgl. Ackermann/Eichler (2012), S.4
[5] Vgl. Uni Potsdam (2008)

1.1 Darstellungsmöglichkeiten der Holografie

Zur Umsetzung des holografischen Grundprinzips gibt es zahlreiche, verschiedene Varianten. Grundlegend werden drei Hauptkategorien von Hologrammtypen unterschieden. Allgemein lassen sich Hologramme in Volumen- und Flächenhologramme, sowie in Amplituden- und Phasenhologramme einteilen. Als drittes Kriterium wird zwischen den Transmissions- und Reflexionshologrammen unterschieden. Besonders das Reflexionshologramm führt viele untere Hologrammtypen.

1.1.1 Flächen- und Volumenhologramme

Flächenhologramme

Das Interferenzmuster wird in einer photographischen Schicht aufgezeichnet, die praktisch zweidimensional ist. Das bedeutet, die Dicke der Schicht ist klein gegenüber der Wellenlänge und die Rekonstruktion kann als Beugung an einer zweidimensionalen Struktur beschrieben werden.[6] Im einfachsten Fall ist das zum Beispiel die Beugung an einem Strichgitter.

Volumenhologramme

Diese befinden sich auf einem Film, dessen Dicke ebenfalls zur Speicherung von holografischen Informationen genutzt wird.[7] Das Interferenzmuster wird dreidimensional in einer gegenüber der Wellenlänge dicken photographischen Schicht aufgezeichnet. Die Rekonstruktion muss als Beugung an einer dreidimensionalen Struktur beschrieben werden.[8] Im einfachsten Fall entspricht sie der Beugung von Röntgenstrahlen an einem Kristallgitter.

In der Lehrbuchliteratur wird meistens das einfachere Flächenhologramm behandelt. Das Volumenhologramm hingegen wird nur vereinfacht umschrieben. In der Praxis wird für die Anwendung zur möglichst originalgetreuen Bildaufzeichnung nur Volumenhologramme eingesetzt, da diese auf der einen Seite eine höhere Beugungseffizienz haben und zum anderen können sie auch in normalen, weißen Licht betrachtet werden.[9] Deshalb werden sie auch oft als Weißlichthologramme bezeichnet.

---

[6] Vgl. TU Dresden (2014)
[7] Vgl. Cosmos Indirekt (o.J.)
[8] Vgl. Ackermann/Eichler (2012), S.68
[9] Vgl. TU Dresden (2014)

1.1.2 Amplituden- und Phasenhologramme

Ein weiteres Unterscheidungsmerkmal ist die Art der photographisch aufge-
zeichneten Informationen. Danach werden Amplituden- und Phasenhologramme unterschieden.

Amplitudenhologramme

Das Interferenzmuster wird in der photographischen Schicht als Schwärzungs-
muster aufgezeichnet. Bei der Rekonstruktion wird die Referenzwelle gleich-
mäßig zur lokalen Schwärzung absolviert.[10] Im einfachsten Fall sieht so ein
Hologramm dann aus wie ein Stichgitter, welches aus schwarzen Stäben besteht. Sie befinden sich auf Filmen, die unterschiedliche Schwärzungen besitzen. Dadurch wird die Helligkeit des Lichtes so verändert, dass durch die
Überlagerung der Lichtwellen mit unterschiedlichen Amplituden und Phasen
Bilder entstehen.[11] Die Filme der Phasenhologramme besitzen dagegen über-
all die gleiche Transparenz.

Phasenhologramme

Hier wird das Interferenzmuster in der photographischen Schicht als Bre-
chungsindexmuster aufgezeichnet. Bei der Rekonstruktion erfährt die Referenzwelle eine Phasenverschiebung proportional zum lokalen Brechungsin-
dex[12]. Praktische Anwendungen nutzen in der Regel Phasenhologramme, da
diese wegen der fehlenden Absorption lichtstärker sind.

1.1.3 Transmissions- und Reflexionshologramme

Transmissionshologramme

Die Aufzeichnung erfolgt so, dass bei der Rekonstruktion das Hologramm in
Transmission betrachtet wird, das heißt die Referenzwelle fällt von hinten auf
das Hologramm und strahlt durch dieses hindurch.[13] Transmissionshologramme transmittieren das Licht, woher sie auch ihren Namen haben.

---

[10] Vgl. TU Dresden (2014)
[11] Vgl. Cosmos Indirekt (o.J.)
[12] Vgl. Ackermann/Eichler (2012), S.73
[13] Vgl. Cosmos Indirekt (o.J.)

Reflexionshologramme

Die Aufzeichnung erfolgt so, dass bei der Rekonstruktion das Hologramm in Reflexion betrachtet wird. Die Referenzwelle fällt von der Betrachter Seite auf das Hologramm. Das heißt, dass diese Art von Hologrammen das einfallende Licht reflektieren, so dass die Lichtquelle im Gegensatz zu Transmissionshologrammen auf der Seite des Betrachters sein kann. Sie werden von vorne ausgeleuchtet, können also auch an Wände platziert werden und sind somit Eye-Catcher auf Messen und Events.[14] Wenn das Hologramm als Bild an der Wand verwendet werden soll, sind Reflexionshologramme wesentlich praktischer. Deshalb sind die populärsten Hologramme, die man zum Beispiel auf Ausstellungen verwendet Volumen-Phasen-Reflexions-Hologramme.

1.1.4 Sonderformen

Denisjuk Hologramm

Dies ist eine Sonderform des Reflexionshologramms. Im Jahr 1963 erfand der sowjetische Physiker Juri Nikolaj Denisjuk ein einfacheres Verfahren Reflexionshologramme herzustellen. Hier wird der Laserstrahl nicht geteilt, sondern nur aufgefächert und durchleuchtet.[15]

Bildebenen Hologramm

Darunter versteht man ebenfalls eine Form der Reflexionshologramme. Sie haben die Eigenschaft, dass ihre holografischen Bilder in der Filmebene zu schweben scheinen.[16] Dieser Effekt beruht darauf, dass das Bild sowohl vor als auch hinter der Hologrammebene entsteht, man sieht somit das reelle und virtuelle Bild gleichzeitig.

Multiplexhologramm

Diese bilden bewegte Bilder auf einem Film ab. Um Multiplexhologramme herzustellen, wird zuerst ein Videofilm gedreht, von dem dann jedes Bild holografisch kopiert wird.

---

[14] Vgl. Medien Community (2010)
[15] Vgl. Schneider (2016), S.47
[16] Vgl. Cosmos Indirekt (o.J.)

Regenbogenhologramm

Regenbogenhologramme sind ebenfalls Reflexionshologramme und werden ähnlich wie die Bildebenen Hologramme mit Hilfe eines Masterhologrammes hergestellt. Ein Masterhologramm wird auch Transmissionshologramm genannt. Dieses wird aber so abgedeckt, dass nur ein kleiner, horizontaler Spalt, Licht durchlässt. Daher fehlt dem Regenbogenhologramm die Räumlichkeit in der vertikalen Richtung.[17] Die Regenbogenfarben entstehen durch die starke Beugung der Spektralfarben des Lichts mit größeren Wellenlängen.

Computergenerierte Hologramme

Sie haben den Vorteil, dass sie sehr exakt sind. Es werden viele Abbildungsfehler vermieden, da kein Gegenstand für die Aufnahme benötigt wird. Diese Methode eignet sich sehr bei Firmenlogos oder holografisch optischen Bauelementen.

Es gibt noch viele, weitere Sonderformen, wie zum Beispiel die Weiterführung der Holografie: „Digitale Holografie". Es gibt außerdem noch Display Hologramme, Sicherheitshologramme, Polymerhologramme, etc.[18] Auf diese möchte ich jetzt jedoch nicht weiter eingehen, da die wichtigsten Gruppierungen genannt wurden und ich sonst den Rahmen sprengen würde.

---

[17] Vgl. Cosmos Indirekt (o.J.)
[18] Vgl. Medien Community (2010)

1.2 Holografie – Weiterführung zur Fotografie?

Im Prinzip sind Fotografie und Holografie eng miteinander verbunden, aber dabei stellt Holografie die nächste Stufe der Fotografie dar und schafft durch ihre Dreidimensionalität ganz neue Möglichkeiten. Ein Hologramm setzt die animierten Sequenzen dreidimensional in Szene und ermöglicht es, scheinbar reale Objekte oder Animationen frei im Raum schweben zu lassen.[19] Im Vergleich zu einem Foto oder Film auf einem normalen Monitor, ist ein Hologramm von allen Seiten sichtbar. Dies ist möglich, da die Holografie noch eine dritte Komponente aufzeichnet, die Phase des Lichts. Dies gibt Auskunft über den jeweiligen Schwingungszustand der Wellen in Raum und Zeit und so letztendlich über die Laufzeit des Lichts vom Modell zur Kamera.[20] Damit liefert sie Informationen über die dreidimensionale Erscheinung eines Objekts, was auf einem normalen Foto fehlt. Die besondere Weiterentwicklung liegt hier auch dabei, dass 3D Hologramme im Vergleich zum 3D Fernsehen oder Virtual Reality ohne 3D Brille von jemanden gesehen und erkannt werden kann. Dies bildet einen unwahrscheinlichen Vorteil, besonders im Einsatz bei Präsentationen oder Messen. Dadurch lässt sich die Frage, ob die Holografie eine Weiterentwicklung der Fotografie ist, ganz einfach beantworten. Die Holografie ist in jedem Fall technisch der Fotografie überlegen und über deren Möglichkeiten hinausgewachsen. Der heutige Stand der Technologie reicht jedoch noch nicht aus, um nach dem Vorbild von Star Wars ein vollständiges und bewegtes 3D Bild von Dingen und Personen wiederzugeben. Was vor allem daran liegt, dass die zu erfassenden Datenmengen viel zu groß sind und dass der Prozess der Aufzeichnung und darauffolgenden Darstellung sehr komplex ist.[21] Jedoch entwickelt sich die Technik in einem so rasanten Tempo weiter und ist so schnelllebig, dass auch dies keine Utopie mehr darstellt.

---

[19] Vgl. Magic Holo (2017)
[20] Vgl. Spektrum (2017)
[21] Vgl. Lieser, W. (2010), S.63

1.3 Nutzung von 3D Hologrammen

Die Nutzung von 3D Hologrammen bietet sich insbesondere an bei Sachverhalten mit hoher Komplexität, bei Langwierigkeit der verbalen Kommunikation, zur Hervorhebung und zum besseren Verständnis.[22] 3D Hologramme werden heutzutage vor allem für Produktpräsentationen, insbesondere auf Messen und Veranstaltungen genutzt. Durch 3D Hologramme können völlig neue und revolutionäre Arten der Produktdarstellung angeboten werden.[23] Die Produkte wirken dadurch hochwertig, exklusiv und innovativ. Unternehmen können durch die Nutzung ein hohes Maß an Aufmerksamkeit generieren und ihre Produkte innovativ darstellen. Sie können damit zum Ausdruck bringen, dass sie zukunftsorientiert sind. Außerdem können sie dem Kunden einen realitätsgetreuen Eindruck ihrer Produkte vermitteln, denn Präsentationen mit Hologrammen sind keine Grenzen gesetzt. Man kann zur Untermauerung der Präsentation unterschiedliche visuelle Effekte (z.B. Schauer, Regen, etc.) nutzen. Dadurch werden nicht nur potenzielle Kunden schneller erreicht, sondern auch deren menschliche Emotion angesprochen. Man kann 3D Hologramme auch nutzen, um emotionale Welten zu erschaffen. 3D Hologramme ermöglichen es, wie noch keine Technologie zuvor, Produkte auf eine einzigartige Weise in Szene zu setzen. Man kann dadurch eine optimal zum Produkt passende Umgebung schaffen. Ein virtueller Geldregen setzt edle Schmuckstücke in Szene oder man lässt es auf Allwetter-Reifen regnen – für jedes Produkt gibt es die optimale Visualisierungsmöglichkeit. Der Zuschauer wird durch diese Technologie in den Bann der Präsentation gezogen und wird diese auch nicht mehr so schnell vergessen. Außerdem kann man mit diesen speziellen Effekten Kunden positiv überraschen. In der heutigen Zeit, wo jeder das Gefühl hat schon alles gesehen zu haben und zu kennen, kann dies sehr von Vorteil sein. Mit 3D Hologrammen kann man außerdem komplizierte Sachverhalte anschaulich und einfach erklären, so dass Kunden auch komplexe Zusammenhänge einfach verstehen können. Dies ist nämlich durch Skizzen, Fotos oder Videoaufnahmen nicht so einfach zu generieren und bietet einen unbeschreiblichen Wettbewerbsvorteil gegenüber der Konkurrenz.

---

[22] Vgl. Grewe, I. (2012), S.124
[23] Vgl. Magic Holo (2017)

2. Aufbau von 3D Hologrammen

Um ein 3D Hologramm optisch darstellen zu können, werden in der Regel drei Dinge benötigt. Als erstes braucht man ein Hologramm Projektor, der die holografische 3D Projektion überhaupt erst ermöglicht. Dieser wird häufig auch als Holografie Display oder Holografie Pyramide bezeichnet[24]. Als zweites benötigt man eine Strahlungsquelle und dann noch ein reales Objekt, welches vom Hologramm umspielt wird. Zur Erstellung von einem 3D Hologramm ist ein Ursprungsobjekt nötig, welches es dreidimensional und realitätsgetreu abzubilden gilt. Bei der Auswahl des Objekts sind der Kreativität keine Grenzen gesetzt, man kann dafür Produkte, Menschen, Tiere oder Maschinen nutzen.[25] Außerdem ist natürlich zu nennen, dass so ein Aufbau eines Hologramms stabil sein muss. Denn bei der Aufnahme eines Hologramms können schon die kleinsten Erschütterungen dies zerstören[26]. Um nun aus dem Ursprungsobjekt eine 3D Hologramm Vision zu erstellen, wird eine Strahlungsquelle gebraucht, dies kann im einfachsten Fall ein Laser sein. Aus der Strahlungsquelle muss jedoch eine kohärente, monochrome Welle hervorgehen, weshalb sich eine einfache Lampe nicht eignet. Beleuchtet man das Ursprungsobjekt jetzt mit der Strahlungsquelle, die aus kohärentem Licht besteht, wird das Licht reflektiert und gestreut. Daraus entsteht ein Wellenfeld, welches man sehen kann. Dieses Wellenfeld wird Objektwelle genannt. Die Objektwelle überlagert sich mit dem einfallenden, ungestreutem Licht, auch Referenzwelle genannt, aus demselben Laser.[27] Die Wellenfronten interferieren also miteinander, das heißt es findet eine Überlagerung statt, diese Überlagerung wird oft als Interferenzmuster bezeichnet. Dieses trifft nun auf eine Glasplatte oder einen Film, auf der sich eine lichtempfindliche Schicht befindet. Ähnlich wie bei der Fotografie reagiert nun die Glasplatte oder der Film auf die Lichtintensität und speichert das Interferenzmuster.

---

[24] Vgl. Magic Holo (2017)
[25] Vgl. Ackermann/Eichler (2012), S.35
[26] Vgl. Jufo (2011)
[27] Vgl. Cosmos Indirekt (o.J.)

Dieses weist jedoch so eine feine Struktur auf, dass ein regulärer Fotofilm nicht ausreichend wäre, um die Strukturen aufzuzeichnen. Der entwickelte Film würde für den Menschen leer aussehen, da diese feine Struktur für das menschliche Auge nicht erkennbar ist.

[Hinweis der Redaktion: Diese Abbildung musste aus urheberrechtlichen Gründen entfernt werden.]

Abbildung 1: Diagramm des holografischen Aufzeichnungsprozesses
Quelle: Jufo - Dr Bob (2011)

Um jetzt aus dem gespeicherten Interferenzmuster ein 3D Bild des Ursprungsobjekt zu erzeugen wird ein Hologramm Projektor benötigen. Auf die Verwendung eines Hologramm Projektors möchte ich nun genauer eingehen. Der Hologramm Projektor, auch als holografische Platte beschrieben, wird nun mit einer Welle beleuchtet, die gleich zur Referenzwelle ist.[28] Durch diese Beleuchtung beugt sich das Interferenzmuster, das bedeutet so viel, wie dass die Welle durch ein Hindernis abgelenkt wird. Das hat zur Folge, dass sich die exakte Wellenfront der Objektwelle entwickelt und sich nun das Hologramm sichtbar für den Beobachter bildet.[29]

---

[28] Vgl. Jufo (2011)
[29] Vgl. Cosmos Indirekt (o.J.)

[Hinweis der Redaktion: Diese Abbildung musste aus urheberrechtlichen Gründen entfernt werden.]

Abbildung 2: Aufnahme eines Hologramms
Quelle: BG Lerchenfeld

Diese drei erläuterten Dinge zur Erstellung eines 3D Hologramms bilden nur die vereinfachte Darstellung. Der technische Prozess ist deutlich komplexer und daher benötigt man mehr als 3 Dinge zur Erzeugung eines Hologramms. Der von mir aufgezeigte Prozess bezieht sich auf die ursprüngliche Form des 3D Hologramms. Diese vereinfachte Form wurde durch den schnellen, technischen Fortschritt rasch überholt, denn heutzutage gibt es noch weitere Möglichkeiten 3D Hologramme zu erstellen. Hierzu werden zwar auch Ursprungsobjekte benötigt, aber auch ein 3D Hologramm und ein 3D Projektor.[30] Als 3D Projektor eignen sich zum Beispiel spezielle Holografie Pyramiden oder Holografie Rotoren. Das 3D Hologramm soll den Inhalt oder das Bild zeigen und frei in den Raum projizieren. Allgemein zu sagen ist jedoch, dass jemand diese Technik bedienen muss und auch das Ursprungsobjekt, welches in den meisten Fällen Bilder oder Videoaufnahmen sind, muss vorher aufgezeichnet werden. Daher muss man festhalten, dass drei Dinge nicht ausreichen, da vor allem der Mensch benötigt wird, der mit der Technologie arbeiten kann.

---

[30] Vgl. Magic Holo (2017)

Dies sind alles sehr komplizierte Varianten zur Erstellung eines 3D Hologramms. Bei der Recherche zu dieser Arbeit bin ich jedoch sehr oft auf simple Methoden gestoßen um 3D Hologramme, auch von zu Hause aus, selbst zu erstellen. Man kann diese zum Beispiel, durch einen kleinen Trick, über das Smartphone abspielen. Um ein 3D Hologramm also selbst zu erzeugen, benötigt man ein Smartphone, ein taugliches Video und eine durchsichtige Pyramide, ohne Spitze[31]. Die selbstgebastelte Pyramide hat eine ähnliche Systematik wie echte Hologramm Pyramiden, wobei diese natürlich teurer sind, dafür aber auch eine deutlich bessere Qualität aufweisen und einen stärkeren 3D Effekt erzeugen.

[Hinweis der Redaktion: Diese Abbildung musste aus urheberrechtlichen Gründen entfernt werden.]

Abbildung 3: selbstgebasteltes 3D Hologramm
Quelle: Henriette Jakubik u. Moritz Münch - GEOlino

---

[31] Vgl. Leifiphysik (o.J)

3.Branchen und Anwendung von 3D Hologrammen

3D Hologramme werden bereits vielfältig verwendet und eignen sich für alle Branchen. Ob Industrie, Maschinenbau, Pharmaka, Medizintechnik, Food oder Telekommunikation, den Möglichkeiten sind so gut wie keine Grenzen gesetzt.[32] In der Regel werden 3D Hologramme, wie bereits erwähnt, eingesetzt bei Messen, Veranstaltung, Events oder Showrooms. Für jeden Ort, Anlass oder Zweck gibt es ein passendes holografisches System.[33] Wichtig ist nur das ein individuelles Hologramm entwickelt wird, welches zum Produkt und auch zum Kunden passt. Messen und Veranstaltungen sind zwar die häufigsten Orte, um auf 3D Hologramme zu treffen, jedoch lange nicht die einzigen. Aber immer von Anfang an: Wer kann sich nicht an die Hilferuf-Projektion des Druiden R2D2 von Prinzessin Leila aus dem Filmklassiker Star Wars erinnern? Während die 3D Botschaft im Film damals nur simuliert war, können diese schwebenden Bilder heute wirklich projiziert werden.[34] Besonders in der Film- und Musikindustrie werden Hologramme immer beliebter. Avatar-Aufbruch nach Pandora ist der erfolgreichste Film aller Zeiten und gleichzeitig der erste Film der komplett in 3D adaptiert wurde.[35] Ein eigen entwickeltes, virtuelles Kamerasystem ermöglichte diesen revolutionären 3D Film. Auch in der Werbung wird auf 3D Technik gesetzt, dies aber eher international. In Amerika zum Beispiel, feiern sie damit große Erfolge. Hier zu Lande ist der Erfolg wesentlich geringer, da unsere Hologrammtechnik noch nicht ganz auf dem neuesten Stand ist.

[Hinweis der Redaktion: Diese Abbildung musste aus urheberrechtlichen Gründen entfernt werden.]

Abbildung 4: 3D Hologramm von Prinzessin Leia
Quelle: Zoomin

---

[32] Vgl. Magic Holo (2017)
[33] Vgl. Spektrum (2017)
[34] Vgl. Haz (2018)
[35] Vgl. More Media (2013)

Aber auch die Musikindustrie greift immer wieder auf die Holografie zurück. Unvergessen bleibt der Auftritt des damals schon verstorbenen Musikers Michael Jackson bei den Billboard Awards 2014. Man hat den Sänger durch ein 3D Hologramm wieder zurück auf die Bühne geholt. Das gleiche geschah mit dem 1996 ermordeten Rapper Tupac Amaru Shakur, der 2012 in Indio, Kalifornien auf dem Coachella Valley Music & Arts Festival durch ein 3D Hologramm zusammen mit Dr.Dre und Snoop Dogg performen konnte. Dazu wurden alte Videoaufnahmen des 15 Jahre zuvor getöteten Rappers mit neuester Technik von James Camerons Digital Domain aufbereitet. Die täuschend echte Wirkung des Rappers beschäftigte das Expertenteam vier Monate.

[Hinweis der Redaktion: Diese Abbildung musste aus urheberrechtlichen Gründen entfernt werden.]

Abbildung 5: Hologramm von Michael Jackson bei den Billboard Awards 2014
Quelle: Kevin Winter

[Hinweis der Redaktion: Diese Abbildung musste aus urheberrechtlichen Gründen entfernt werden.]

Abbildung 6: Snoop Dogg mit Tupca's Hologramm
Quelle: Kevin Winter

Die Holografie ist auch aufgrund der faszinierenden räumlichen Darstellung in der Kunst verbreitet. Im Jahr 1978 schuf Steven A. Benton eines der prägendsten Regenbogen-Transmissionshologramme der damaligen Zeit. Mit der Zeit entstanden Museen, wie zum Beispiel in Deutschland das Holarium[36] oder das Museum für Holografie.[37]

Aber auch in der Politik wird Holografie angewendet, wie durch Jean-Luc Melenchon, einem französischen Politiker während seines Wahlkampfes 2017. So ließ Melenchon sich auf eine Bühne in Paris als Hologramm übertragen, während er selbst sich gar nicht vor Ort befand, sondern in Lyon. Auch der türkische Präsident Recep Taygip Erdogan zeigte sein Hologramm 2014 in Izmir während eines Parteitreffens.

[Hinweis der Redaktion: Diese Abbildung musste aus urheberrechtlichen Gründen entfernt werden.]

Abbildung 7: 3D Hologramm vom französischen Politiker Melenchon
Quelle: Dpa

[Hinweis der Redaktion: Diese Abbildung musste aus urheberrechtlichen Gründen entfernt werden.]

Abbildung 8: 3D Hologramm von Erdogan 2014
Quelle: Polyvision

---

[36] Vgl. Holarium (o.J.)
[37] Vgl. Holografie Museum (2009)

In der Medizin werden 3D Hologramme bereits durch MRT-, CT- oder Ultraschall eingesetzt. Hierdurch können Ärzte die Struktur des menschlichen Körpers erkennen und unter die Oberfläche schauen. Zukünftig könnten Studierenden dadurch das Lernen der Anatomie vereinfacht werden. Außerdem wird in der Medizin an Verfahren geforscht, die eine dreidimensionale Gesichtsprofilvermessung mit Holografie ermöglichen.[38] Bei Operationen im Gesicht sind sorgfältige Planungen nötig, wofür das Gesicht ausgemessen werden muss. Die bisher verwendeten Verfahren sind sehr aufwendig, trotzdem jedoch sehr ungenau, da der Patient sich manchmal bewegt. Die Hologramme von Gesichtern sollen mit Lasern in 30 Nanosekunden aufgenommen werden und geben genauere Informationen über die Maße und die Gesichtstiefe[39]. Außerdem wird an der Entwicklung zur holografischen Endoskopie gearbeitet. Mit der holografischen Endoskopie wird es möglich, räumliche Bilder aus dem Köperinneren auf Maschinen zu übertragen[40].

In der Archäologie werden Hologramme eingesetzt, um Fundstücke zu rekonstruieren oder schlecht lesbare Artefakte farblich und in Schärfe zu projizieren, um diese zu entschlüsseln.[41] Seit 2018 wird im Roemer- und Pelizaeus-Museum das erste holografische Abbild einer Mumie gezeigt. Außerdem ist es durch holografische Aufnahmegeräte möglich, Hologramme von archäologischen Fundstücken zu erstellen. Die Hologramme können am Computer weiterverarbeitet werden, wodurch der Aufwand für den Transport wegfällt. Dadurch wird auch das Beschädigungsrisiko minimiert. Außerdem können zerbrochene Stücke, wie zum Beispiel Tongefäße, am Computer wieder zusammengefügt werden. [42]

Eine klassische Verwendung von Holografie findet bei Echtheitszertifikaten statt. Zum Schutz vor Fälschungen werden auf Geldscheine, Pässe oder Banknoten Hologramme aufgedruckt, da diese nur schwer zu kopieren sind. Ähnlich wird die Technik auch bei Konzerttickets oder Sportveranstaltungen verwendet.

[38] Vgl. Bongartz, J. (2018)
[39] Vgl. Bongratz, J. (2018)
[40] Vgl. Institut für technische Optik (2014)
[41] Vgl. Wissenschaft (2000)
[42] Vgl. IDW (1999)

Abschließend möchte ich noch die Anwendungen von 3D Hologrammen in der Mobilfunkbranche nennen. Smartphone Hersteller arbeiten mit Hochdruck daran, 3D Hologramme mit Hilfe des Smartphone Displays zu erzeugen. Ende 2018 reichte der Samsung Konzern dafür sogar einen Patentantrag beim US-Patentamt ein.[43]

Das waren nur einige Beispiele für die Nutzung von 3D Hologrammen, um aufzuzeigen, dass dem Einsatz von 3D Hologrammen keine Grenzen gesetzt sind. Im Prinzip eignet sich jede Branche dafür, besonders hervorzuheben sind hier jedoch die Branchen des Filmes und der Technik. Diese Branchen waren die Vorreiter der Holografie und revolutionieren diese Technik bis zum heutigen Tag. Abzuwarten bleibt jedoch, ob die Smartphone Hersteller es auch schaffen die Technik zu revolutionieren und es ermöglichen 3D Hologramme über das Handy von zu Hause aus zu erstellen. Denn die 3D Technik ist bis zum heutigen Zeitpunkt sehr aufwendig und zeitintensiv und damit natürlich sehr teuer.

---

[43] Vgl. Future Zone (2018)

4. Literaturverzeichnis

Ackermann, G. u. Eichler, J., (2012). Holographie (2.Aufl.), Springer Verlag

Bongartz, J., (2018). Hochauflösende dreidimensionale Gesichtsprofilvermessung mit kurzgepulster Holographie (1.Aufl.), Mathematisch-Naturwissenschaftlichen Fakultät, Heinrich-Heine-Universität Düsseldorf

Ernst, B., (1987). Holographie - Zaubern mit Licht (1.Aufl.), Wittig Fachbuchverlag

Gabor, D., (1970). Innovations: Scientific, technological and social (1.Aufl.), Oxford Verlag

Grewe, I., (2012). Neue Medien - Gefahren und Chancen: Die Bedeutsamkeit von Medienkompetenz (1.Aufl.), Diplomica Verlag

Heiß, P., (1995). Die neue Holographische Fibel (4.Aufl.), Wittig Fachbuchverlag

Holsig, H. u. Jäger, G. u. Stiegler, B., (2015). Lichtbild und Datenbild: Spuren konkreter Fotografie (1.Aufl.), Kehrer Verlag

Lieser, W., (2010). Digital Art: Neue Wege in der Kunst (1.Aufl.), H.F.Ullmann Verlag

Schneider, C., (2016). Licht in der Welt der Nanotechnologie: Ein verständlicher Einstieg in die Grundlagen und Anwendungen (1.Aufl.), Springer Verlag

Internetquellen

Cosmos Indirekt (o.J.), Holografie; URL https://physik.cosmos-indirekt.de/Physik-Schule/Holografie?fbclid=I-wAR2IC7kyRWCPiYITX8qBPxagqAOQXPN58XwcuQhaygpYQdJEXAb-ikk52uDk (01.03.2019)

Future Zone (2018), Samsung's revolutioinäre Displays; URL https://www.futurezone.de/produkte/article216039081/Star-Wars-in-echt-Samsungs-revolutionaere-neue-Displays-projizieren-3D-Hologramme-in-die-Luft.html (04.03.2019)

IDW (1999), Holographie verbindet Medizin und Archäologie; URL https://idw-online.de/de/news10300 (03.03.2019)

Institut für technische Optik (2014), Endoskopie; URL http://www.ito.uni-stuttgart.de/forschung/kom/endoskopie/ (03.03.2019)

Haz (2018), Forscher projizieren 3D Hologramm; URL http://www.haz.de/Nachrichten/Medien/Netzwelt/Forschern-projizieren-Star-Wars-3D-Hologramm (03.03.2019)

Holarium (o.J.), Holarium – Museum für Holografie; URL https://web.archive.org/web/20020623174728/http://www.holarium.de:80/index.htm (03.03.2019)

Holographie (o.J.), Holographie; URL http://www.holografie.com/Fouquier.pdf (28.02.2019)

Holografie Museum (2009), Holografie Museum – Matthias Lauk ist gestorben; URL https://www.ksta.de/holografie-museum-matthias-lauk-ist-gestorben-12708940 (03.03.2019)

Jufo (2011), Holografie; URL http://www.jufo-cgh.de/pdfs/2011-holographie.pdf (27.02.2019)

KA News (2013), Holografie – Das vergessene digitale Phänomen; URL https://www.ka-news.de/kultur/regional/Ausstellung-im-ZKM-Holografie-das-vergessene-visuelle-Phaenomen;art136,1174975 (01.03.2019)

Leifiphysik (o.J.), 3D Hologramm; URL https://www.leifiphysik.de/optik/lichtreflexion/versuche/3d-hologramm-durch-reflexion?fbclid=I-wAR1jhcYZ18isxnG7mhMugRSnifMSjSrKKQAV8PM87wpeRM_K-APgJpGBpdE (27.02.2019)

Magic Holo (2017), Was ist ein 3D Hologramm; URL https://magic-holo.com/was-ist-ein-3d-hologramm/#Wozu%20wird%20ein%203D%20Hologramm%20genutzt? (02.03.2019)

Medien Community (2010), Hologramm; URL https://mediencommunity.de/content/praegefoliendruck-hologramm (01.03.2019)

More Media (2013), 3D Hologramm Werbung; URL http://www.more.media/3d-hologramm-werbung (02.03.2019)

Spektrum (2017), Der Traum von der täuschend echten Abbildung; URL https://www.spektrum.de/news/der-traum-von-der-taeuschend-echten-abbildung/1453825?fbclid=IwAR3JqD7_LnKoY6yL7-Uqp67u_HkiFnHD_9g7MLxVLv4u6B_ccYJQ77gkr-Y (01.03.2019)

Trend der Zukunft (2013), 3D Hologramme als Kommunikationstool der Zukunft; URL https://www.trendsderzukunft.de/3d-hologramme-als-kommunikations-tool-der-zukunft-im-trend/ (01.03.2019)

TU Dresden (2014), Holografie; URL https://tu-dresden.de/mn/physik/ressourcen/dateien/studium/lehrveranstaltungen/praktika/pdf/HO.pdf?lang=de (02.03.2019)

Uni Potsdam (2008), Grundversuche zur Holografie; URL https://www.uni-potsdam.de/u/physik/fprakti/anleiO1.pdf (02.03.2019)

Wissenschaft (2000), Geschichte der Archäologie; URL https://www.wissenschaft.de/geschichte-archaeologie/modernste-holographie-technik-revolutioniert-archaeologie/ (03.03.2019)